Sammlung Luchterhand 2015

W0180668

Pablo Neruda (1904–1973) gehört zu den bedeutendsten Lyrikern des 20. Jahrhunderts. 1971 wurde er mit dem Nobelpreis ausgezeichnet. Er begann mit 14 Jahren, Gedichte zu schreiben; diese frühen Gedichte sind 2000 unter dem Titel BALLADEN VON DEN BLAUEN FENSTERN bei Luchterhand erschienen. Neruda schrieb politische Gedichte, Oden, Liebesgedichte. Ihn beschäftigte sein Herkommen und die Geschichte seines Landes. Vor allem aber schlug sein Herz für die Literatur und für die Dichter. Neruda starb kurz nachdem sein Freund, Präsident Salvador Allende, 1973 von den Militärs ermordet wurde.

Die HUNDERT LIEBESSONETTE sind 1959 im Eigenverlag Nerudas erschienen. Sie sind seiner Geliebten Matilde Urrutia gewidmet, die der Dichter 1946 kennengelernt und 1966 geheiratet hatte. Für Pablo Neruda ist jedes seiner Liebessonette das Geschenk eines hingebungsvoll Liebenden an seine Geliebte. In der Poesie, im Gedicht, möchte er ihr so nahe sein, daß »ich in meinem Schlaf deine Augen schließe«.

Fritz Rudolf Fries hat Nerudas Liebessonette ausgewählt, ins Deutsche übertragen und mit einem Nachwort versehen.

Pablo Neruda
Hungrig bin ich, will deinen Mund

Liebessonette
spanisch / deutsch

Auswahl, Nachdichtung und Nachwort
von Fritz Rudolf Fries

Luchterhand

Für Matilde Urrutia

Mañana

Frühe

Matilde, nombre de planta o piedra o vino,
de lo que nace de la tierra y dura,
palabra en cuyo crecimiento amanece,
en cuyo estío estalla la luz de los limones.

En ese nombre corren navíos de madera
rodeados por enjambres de fuego azul marino,
y esas letras son el agua de un río
que desemboca en mi corazón calcinado.

Oh nombre descubierto bajo una enredadera
como la puerta de un túnel desconocido
que comunica con la fragancia del mundo!

Oh invádeme con tu boca abrasadora,
indágame, si quieres, con tus ojos nocturnos,
pero en tu nombre déjame navegar y dormir.

Matilde, ich nenn dich Pflanze, Stein oder Rebe,
du bist, was aus der Erde wächst und währt,
Wort in dessen Dehnung erwacht,
in dessen Hitze aufspringt das Licht der Limonen.

In deinem Namen fahren Schiffe aus Holz,
umschwärmt von marineblauem Feuer,
in seinen Buchstaben die Wasser eines Flusses,
der in meinem verdorrten Herzen mündet,

Oh Name unter einer Ackerwinde gefunden.
Du gleichst der Tür zu einem unbekannten Tunnel,
der mit den Düften der Erde kommuniziert!

Oh dringe in mich mit deinem brennenden Mund,
erkunde mich, wenn du magst, mit deinen nächtlichen Augen,
nur laß mich in deinem Namen zur See fahren und schlafen.

No te toque la noche ni el aire ni la aurora,
sólo la tierra, la virtud de los racimos,
las manzanas que crecen oyendo el agua pura,
el barro y las resinas de tu país fragante.

Desde Quinchamalí donde hicieron tus ojos
hasta tus pies creados para mí en la Frontera
eres la greda oscura que conozco:
en tus caderas toco de nuevo todo el trigo.

Tal vez tú no sabías, araucana,
que cuando antes de amarte me olvidé de tus besos
mi corazón quedó recordando tu boca

y fui como un herido por las calles
hasta que comprendí que había encontrado,
amor, mi territorio de besos y volcanes.

Nicht soll dich Nacht berühren, nicht Luft noch Morgenröte,
die Erde nur mit der Heilkraft ihrer Blütenkelche,
Äpfel, die wenn sie das reine Wasser hören, wachsen,
Ton und Harz deines wohlriechenden Landes.

Von Quinchamalí, von wo du deine Augen hast,
bis Frontera, wo deine Füße mir erschaffen wurden,
bist du die dunkle Kreide, die mir vertraut:
an deiner Hüfte abermals berühr ich allen Weizen.

Vielleicht, Arakaunerin, war dir nicht bewußt,
daß ich, von deinen Küssen unberührt, dich liebte,
lange noch bevor mein Herz deinen Mund erkannte,

und wie in Wunden floh ich durch die Straßen,
bis ich, Liebste, verstand, daß ich ein Land
gefunden, mir ganz zu eigen, aus Küssen und Vulkanen.

En los bosques, perdido, corté una rama oscura
y a los labios, sediento, levanté su susurro:
era tal vez la voz de la lluvia llorando,
una campana rota o un corazón cortado.

Algo que desde tan lejos me parecía
oculto gravemente, cubierto por la tierra,
un grito ensordecido por inmensos otoños,
por la entreabierta y húmeda tiniebla de las hojas.

Pero allí, despertando de los sueños del bosque,
la rama de avellano cantó bajo mi boca
y su errabundo olor trepó por mi criterio

como si me buscaran de pronto las raíces
que abandoné, la tierra perdida con mi infancia,
y me detuve herido por el aroma errante.

Ich schnitt, im Wald verloren, einen dunklen Zweig
und hob sein Flüstern durstig an die Lippen:
wer weiß, ob es nicht des Regens klagende Stimme war,
ob eine zerbrochene Glocke oder ein brechendes Herz.

Mir war, als hörte ich in weiter Ferne, tief verborgen
und von Erde ganz bedeckt, einen Schrei,
der in einem grenzenlosen Herbst, in der Blätter
klaffendem und feuchtem Nebel verhallt.

Doch da, erwachend aus des Waldes Träumen,
sang der Haselnußzweig an meinem Mund
und sein flüchtiger Duft drang tief in meinen Verstand,

als suchten mich heim mit einmal die Wurzeln,
die ich verlassen, die seit meiner Kindheit verlorene Erde,
und vom flüchtigen Duft getroffen blieb ich gebannt.

Vendrás conmigo« – dije, sin que nadie supiera
dónde y cómo latía mi estado doloroso,
y para mí no había clavel ni barcarola,
nada sino una herida por el amor abierta.

Repetí: ven conmigo, como si me muriera,
y nadie vio en mi boca la luna que sangraba,
nadie vio aquella sangre que subía al silencio.
Oh amor, ahora olvidemos la estrella con espinas!

Por eso cuando oí que tu voz repetía
»Vendrás conmigo« – fue como si desataras
dolor, amor, la furia del vino encarcelado

que desde su bodega sumergida subiera
y otra vez en mi boca sentí un sabor de llama,
de sangre y de claveles, de piedra y quemadura.

Dereinst kommst du mit mir« – sprach ich und keiner wußte,
wie und wo der Schmerz qualvoll mich bewohnte,
und mein waren weder Nelke noch Barkarole,
nichts, eine offene Wunde nur, von der Liebe geschlagen.

Und abermals: »Komm mit mir«, als müßte ich sonst sterben,
und keiner der in meinem Mund den blutenden Mond sah,
keiner der das Blut sah, das ins Schweigen stieg.
Liebste, ach! Laß uns den Stern vergessen mit den Dornen.

Deshalb, als deine Stimme wiederholte:
»Dereinst wirst du mit mir kommen« –, war es,
als löstest du dem Schmerz, der Liebe und dem Wein,

der in seinem Keller begraben nun aufsteigt, die Fesseln,
und von neuem schmeckt mein Mund die Flamme,
das Blut und die Nelken, den Stein und das Brandmal.

Si no fuera porque tus ojos tienen color de luna,
de día con arcilla, con trabajo, con fuego,
y aprisionada tienes la agilidad del aire,
si no fuera porque eres una semana de ámbar,

si no fuera porque eres el momento amarillo
en que el otoño sube por las enredaderas
y eres aún el pan que la luna fragante
elabora paseando su harina por el cielo,

oh, bienamada, yo no te amaría!
En tu abrazo yo abrazo lo que existe,
la arena, el tiempo, el árbol de la lluvia,

y todo vive para que yo viva:
sin ir tan lejos puedo verlo todo:
veo en tu vida todo lo viviente.

Hätten deine Augen nicht von Luna ihre Farbe,
tagsüber sind sie Töpfererde, Mühsal, Feuer,
gefangen hältst du die behende Leichtigkeit der Luft,
und wärst du nicht eine Woche aus Bernstein,

nicht der gelbe Augenblick, in dem der Herbst
sich höherwindet in den Kletterpflanzen,
und bist dazu noch das Brot, geformt mit Sorgfalt
vom duftenden Mond, der sein Mehl übern Himmel spazierenführt,

würd ich dich, oh Geliebte, niemals lieben!
In deiner Umarmung umarme ich das Bestehende,
den Sand, die Zeit, den Regenbaum,

und alles lebt, damit ich lebe:
ohne Umweg kann ich alles erkennen:
seh ich dein Leben, seh ich alles Leben.

Tengo hambre de tu boca, de tu voz, de tu pelo
y por las calles voy sin nutrirme, callado,
no me sostiene el pan, el alba me desquicia,
busco el sonido líquido de tus pies en el día.

Estoy hambriento de tu risa resbalada,
de tus manos color de furioso granero,
tengo hambre de la pálida piedra de tus uñas,
quiero comer tu piel como una intacta almendra.

Quiero comer el rayo quemado en tu hermosura,
la nariz soberana del arrogante rostro,
quiero comer la sombra fugaz de tus pestañas

y hambriento vengo y voy olfateando el crepúsculo
buscándote, buscando tu corazón caliente
como un puma en la soledad de Quitratúe.

Hungrig bin ich, will deinen Mund, deine Stimme, dein Haar,
und durch die Straßen zieh ich ohne Nahrung, schweigend,
nicht sättigt mich das Brot, die Frühe läßt mich schwanken,
ich suche den fließenden Klang deiner Schritte am Tag.

Mich hungert nach dem Fehltritt deines Lachens,
nach deinen Händen, von bebender Kornkammer gefärbt,
ich habe Hunger nach der blassen Kuppe deiner Fingernägel,
deine Haut möcht ich essen wie die ungebrochne Mandel.

Den Blitz begehr ich, der sich in deine Schönheit gebrannt,
die souveräne Nase im arroganten Gesicht,
möcht essen den flüchtigen Schatten deiner Wimpern

und hungrig geh ich hin und her, witternd in der Dämmerung,
und wie ein Puma in der Einsamkeit von Quitratúe
suche ich dein brennendes Herz.

Plena mujer, manzana carnal, luna caliente,
espeso aroma de algas, lodo y luz machacados,
qué oscura claridad se abre entre tus columnas?
Qué antigua noche el hombre toca con sus sentidos?

Ay, amar es un viaje con agua y con estrellas,
con aire ahogado y bruscas tempestades de harina:
amar es un combate de relámpagos
y dos cuerpos por una sola miel derrotados.

Beso a beso recorro tu pequeño infinito,
tus imágenes, tus ríos, tus pueblos diminutos,
y el fuego genital transformado en delicia

corre por los delgados caminos de la sangre
hasta precipitarse como un clavel nocturno,
hasta ser y no ser sino un rayo en la sombra.

So ganz Frau, fleischlicher Apfel, Luna hitzig,
dichtes Arom nach Algen, Schlamm und Licht zerstampft:
welch dunkle Helle öffnet sich zwischen deinen Säulen?
Welch uralte Nacht berührt der Mann mit seinen Sinnen?

Ach, Lieben ist eine Reise mit Wasser und mit Sternen,
mit erstickter Luft und jähen Stürmen aus Mehl;
Lieben ist ein Kampf mit Blitz und Wetterleuchten,
und um des einen Honigs wegen zerfließen da zwei Leiber.

Kuß auf Kuß umkreise ich deine kleine Unendlichkeit,
deine Bilder, deine Flüsse, deine winzigen Dörfer,
und das in Entzücken verwandelte Feuer des Geschlechts

eilt durch die engen Bahnen des Blutes,
hinabstürzend wie eine nächtliche Nelke,
endlich ein Blitz im Schatten zu sein und nicht zu sein.

La luz que de tus pies sube a tu cabellera,
la turgencia que envuelve tu forma delicada,
no es de nácar marino, nunca de plata fría:
eres de pan, de pan amado por el fuego.

La harina levantó su granero contigo
y creció incrementada por la edad venturosa,
cuando los cereales duplicaron tu pecho
mi amor era el carbón trabajando en la tierra.

Oh, pan tu frente, pan tus piernas, pan tu boca,
pan que devoro y nace con luz cada mañana,
bienamada, bandera de las panaderías,

una lección de sangre te dio el fuego,
de la harina aprendiste a ser sagrada,
y del pan el idioma y el aroma.

Das Licht, das aufsteigt von deinen Füßen in dein langes Haar,
das Überbordende, das einhüllt deine zarte Gestalt,
ist aus marineblauem Perlmutt nicht und nie aus kaltem Silber:
du bist aus Brot, wie es das Feuer liebt, aus Brot.

Aus dir hat das Mehl seine Kornkammer gemacht,
und es reifte und nahm zu in glücklichen Jahren;
als das Brotgetreide dir zwiefach schuf die Brust,
war meine Liebe die Kohle, die untertage arbeitete.

Oh Brot deine Stirn, Brot deine Beine, Brot dein Mund,
Brot das ich verschlinge, im Licht des neuen Tages geboren,
Vielgeliebte du, Banner bist du der Bäckereien,

mit Blut hat dich das Feuer unterrichtet,
vom Mehl hast du gelernt, Gott geweiht zu sein,
und das Brot gab Duft und Sprache dir.

Me falta tiempo para celebrar tus cabellos.
Uno por uno debo contarlos y alabarlos:
otros amantes quieren vivir con ciertos ojos,
yo sólo quiero ser tu peluquero.

En Italia te bautizaron Medusa
por la encrespada y alta luz de tu cabellera.
Yo te llamo chascona mía y enmarañada:
mi corazón conoce las puertas de tu pelo.

Cuando tú te extravíes en tus propios cabellos,
no me olvides, acuérdate que te amo,
no me dejes perdido ir sin tu cabellera

por el mundo sombrío de todos los caminos
que sólo tiene sombra, transitorios dolores,
hasta que el sol sube a la torre de tu pelo.

Zu kurz die Zeit, daß ich preisen könnte dein Haar.
jedes einzelne muß ich zählen und loben:
andere Liebende haben genug an dem, was sie sehen,
ich will einzig nur dein Haarkünstler sein.

In Italien warst Medusa du getauft,
weil hoch hinauf ins Licht sich schlängelt dein Haar.
Ich nenn dich meine verwirrend verrückt Verwilderte:
mein Herz kennt die Türen zu deinem Haar.

Solltest du vom Weg abkommen in deinem eignen Haar,
vergiß mich nicht, denk an meine Liebe,
daß ich nicht verlorengehe ohne deine Mähne

in dieser Schattenwelt auf allen Wegen,
dunkel ist sie nur, und vergänglich sind die Schmerzen,
bis die Sonne erklimmt den Turm deines Haars.

No te amo como si fueras rosa de sal, topacio
o flecha de claveles que propagan el fuego:
te amo como se aman ciertas cosas oscuras,
secretamente, entre la sombra y el alma.

Te amo como la planta que no florece y lleva
dentro de sí, escondida, la luz de aquellas flores,
y gracias a tu amor vive oscuro en mi cuerpo
el apretado aroma que ascendió de la tierra.

Te amo sin saber cómo, ni cuándo, ni de dónde,
te amo directamente sin problemas ni orgullo:
así te amo porque no sé amar de otra manera,

sino así de este modo en que no soy ni eres,
tan cerca que tu mano sobre mi pecho es mía,
tan cerca que se cierran tus ojos con mi sueño.

Ich liebe dich nicht, wie ich eine Rose aus Salz lieben würde,
einen Topas, einen Nelkenpfeil, der das Feuer entfacht:
ich liebe dich, wie man die dunklen Dinge liebt,
heimlich, zwischen Seele und Schatten.

Ich lieb dich wie die Pflanze, die nicht blüht und die
in ihrem Innern andrer Blumen Licht versteckt,
und dank deiner Liebe lebt in meinem Leibe dunkel
das dichte Arom, das aufstieg aus der Erde.

Ich lieb dich und weiß nicht wie noch wann und wo,
ich lieb dich geradezu ohne Fragen noch Übermut:
so lieb ich dich, weil anders ich nicht lieben kann,

vielmehr auf diese Weise, in der ich und du nicht sind,
so nah, daß deine Hand auf meiner Brust ganz mir gehört,
so nah, daß ich in meinem Schlaf deine Augen schließe.

Mientras la magna espuma de Isla Negra,
la sal azul, el sol en las olas te mojan,
yo miro los trabajos de la avispa
empeñada en la miel de su universo.

Va y viene equilibrando su recto y rubio vuelo
como si deslizara de un alambre invisible
la elegancia del baile, la sed de su cintura,
y los asesinatos del aguijón maligno.

De petróleo y naranja es su arco iris,
busca como un avión entre la hierba,
con un rumor de espiga vuela, desaparece,

mientras que tú sales del mar, desnuda,
y regresas al mundo llena de sal y sol,
reverberante estatua y espada de la arena.

Indes du eintauchst in den großen Schaum der Isla Negra,
naß vom blauen Salz, von Sonne auf den Wellen,
betrachte ich die Mühen einer Wespe, die
unablässig ihres Universums Honig fordert.

Sie kommt und geht, ihr blonder Flug ist eine Linie,
als löste sie im Gleitflug von einem unsichtbaren Seil
die Eleganz des Tanzes, das Verlangen ihrer Taille
und ihres mordgierigen Stachels Taten.

Ihr Regenbogen glänzt wie Petroleum und Orange,
einem Aeroplan gleich sucht sie im Grase,
rumort im Flug wie eine Ähre und verschwindet,

indes du nackt dem Meer entsteigst,
die Welt betrittst im Kleid aus Salz und Sonne,
strahlende Statue und des Sandes Schwertfisch.

Cuántas veces, amor, te amé sin verte y tal vez sin recuerdo,
sin reconocer tu mirada, sin mirarte, centaura,
en regiones contrarias, en un mediodía quemante:
eras sólo el aroma de los cereales que amo.

Tal vez te vi, te supuse al pasar levantando una copa
en Angol, a la luz de la luna de junio,
o eras tú la cintura de aquella guitarra
que toqué en las tinieblas y sonó como el mar desmedido.

Te amé sin que yo lo supiera, y busqué tu memoria.
En las casas vacías entré con linterna a robar tu retrato.
Pero yo ya sabía cómo eras. De pronto

mientras ibas conmigo te toqué y se detuvo mi vida:
frente a mis ojos estabas, reinándome, y reinas.
Como hoguera en los bosques el fuego es tu reino.

Wie viele Male, Liebste, liebte ich dich blinden Auges,
          und blind war meine Erinnerung,
ohne deinen Blick zu erkennen, ohne dich anzusehn,
          Kentaurin,
im feindlichen Land, im glühenden Mittag:
nichts als der Duft des Brotkorns warst du, das ich liebe.

Kann sein, ich sah dich, ahnte deinen Gang, das Glas
in der Hand in Angol, im Licht des Junimondes,
oder du warst die Taille der Gitarre,
die ich in der Nacht spielte, und es klang wie das maßlose Meer.

Ich liebte dich, ohne es zu wissen, ich suchte dein Erinnern.
In leere Häuser trat ich mit der Laterne, dein Bild zu rauben.
Aber da wußte ich schon, wie du warst. Mit einmal

gingst du an meiner Seite, ich faßte dich an, und mein Leben
          blieb stehn:
vor meinem Angesicht du, Gebieterin, und noch immer
          herrschst du.
Gleich der Lohe in den Wäldern ist das Feuer dein Reich.

Antes de amarte, amor, nada era mío:
vacilé por las calles y las cosas:
nada contaba ni tenía nombre:
el mundo era del aire que esperaba.

Yo conocí salones cenicientos,
túneles habitados por la luna,
hangares crueles que se despedían,
preguntas que insistían en la arena.

Todo estaba vacío, muerto y mudo,
caído, abandonado y decaído,
todo era inalienablemente ajeno,

todo era de los otros y de nadie,
hasta que tu belleza y tu pobreza
llenaron el otoño de regalos.

Bevor ich dich liebte, Geliebte, gehörte mir nichts:
Unentschlossen zog ich durch Straßen und durch den Tag:
Nichts zählte und nichts besaß einen Namen:
die Welt war aus Luft, wie ich vermutet.

Aschgraue Salons lernte ich kennen,
Tunnel, in denen der Mond wohnte,
herzlose Gehege, die einander den Abschied gaben,
Fragen, die mit besonderem Nachdruck im Sande bohrten.

Alles war leer, tot und stumm,
schlaff, verlassen und verfallen,
alles war unverändert fremd,

alles war Besitz der anderen und von niemand,
bis dann deine Schönheit, deine Armut
den Herbst mit Geschenken schmückte.

Desnuda eres tan simple como una de tus manos,
lisa, terrestre, mínima, redonda, transparente,
tienes líneas de luna, caminos de manzana,
desnuda eres delgada como el trigo desnudo.

Desnuda eres azul como la noche en Cuba,
tienes enredaderas y estrellas en el pelo,
desnuda eres enorme y amarilla
como el verano en una iglesia de oro.

Desnuda eres pequeña como una de tus uñas,
curva, sutil, rosada hasta que nace el día
y te metes en el subterráneo del mundo

como en un largo túnel de trajes y trabajos:
tu claridad se apaga, se viste, se deshoja
y otra vez vuelve a ser una mano desnuda.

Nackt bist du so aufrichtig wie deine Hand,
glatt, irdisch, klein, rund, transparent,
vom Mond die Linien, der Äpfel Wanderwege,
nackt bist du schlank wie das bloße Korn.

Nackt bist du wie die Nacht in Cuba blau,
Ackerwinden und Sterne im Haar,
nackt bist du ausschweifend und gelb
wie der Sommer in einer Kirche aus Gold.

Nackt bist du wie deine Fingernägel klein,
gebogene Linie, rosenfarben bis der Tag anbricht
und du dich in die Kammern unter der Welt begibst

wie in einen langen Tunnel aus Trachten und Drängen:
dein Licht verglimmt, flammt auf und ist nicht mehr
und wandelt sich erneut und wird zur nackten Hand.

Vienes de la pobreza de las casas del Sur,
de las regiones duras con frío y terremoto
que cuando hasta sus dioses rodaron a la muerte
nos dieron la lección de la vida en la greda.

Eres un caballito de greda negra, un beso
de barro oscuro, amor, amapola de greda,
paloma del crepúsculo que voló en los caminos,
alcancía con lágrimas de nuestra pobre infancia.

Muchacha, has conservado tu corazón de pobre,
tus pies de pobre acostumbrados a las piedras,
tu boca que no siempre tuvo pan o delicia.

Eres del pobre Sur, de donde viene mi alma:
en su cielo tu madre sigue lavando ropa
con mi madre. Por eso te escogí, compañera.

Du kommst aus der Armut der Häuser im Süden,
aus den rauhen Regionen von Erdbeben und Kälte,
deren Götter, als sie einst zu Tode stürzten,
uns das Leben lehrten in der Erde Spur.

Du, Liebste, bist ein Pferd aus schwarzem Ton,
ein Kuß aus dunklem Lehm, Mohnblume aus Kreide,
des Abends Taube im Flug über Weg und Steg,
irdene Sparbüchse voll der Tränen unsrer armen Kindheit.

Kind, du hast dir das Herz der Armen bewahrt,
armer Leute Füße, die den Weg der Steine kennen,
ein Mund, der kaum den Geschmack von Brot und Lust gekannt.

Du bist der arme Süden, von da kommt auch meine Seele:
deine Mutter in ihrem Himmel wäscht noch immer die Wäsche
mit meiner Mutter. Deshalb, Gefährtin, hab ich dich erkoren.

La casa en la mañana con la verdad revuelta
de sábanas y plumas, el origen del día
sin dirección, errante como una pobre barca,
entre los horizontes del orden y del sueño.

Las cosas quieren arrastrar vestigios,
adherencias sin rumbo, herencias frías,
los papeles esconden vocales arrugadas
y en la botella el vino quiere seguir su ayer.

Ordenadora, pasas vibrando como abeja
tocando las regiones perdidas por la sombra,
conquistando la luz con tu blanca energía.

Y se construye entonces la claridad de nuevo:
obedecen las cosas al viento de la vida
y el orden establece su pan y su paloma.

Das Haus in der Frühe wirbelt die Wahrheit
von Laken und Federn durcheinander, Ursprung des Tages
ohne Ziel, aus dem Ruder laufend wie ein schwaches Boot
zwischen einem Horizont von Ordnung und einem von Schlaf.

Die Dinge bestehen auf ihrer Hinterlassenschaft,
Anhängsel ohne Richtung, Erbschaften ohne Feuer,
in den Papieren verstummen in Falten gelegte Gesänge,
und der Wein in der Flasche möchte immer von gestern sein.

Ordnungshüterin, du schwirrst umher wie eine Biene,
betrittst die sich im Schatten verlierenden Länder,
eroberst das Licht mit der Kraft deines hellen Vermögens.

Und abermals breitet die Klarheit sich aus:
es gehorchen die Dinge dem Wind des Lebens,
und die Ordnung verfügt wieder über Brot und Taube.

Mediodía

Mittag

Amor, ahora nos vamos a la casa
donde la enredadera sube por las escalas:
antes que llegues tú llegó a tu dormitorio
el verano desnudo con pies de madreselva.

Nuestros besos errantes recorrieron el mundo:
Armenia, espesa gota de miel desenterrada,
Ceylán, paloma verde, y el Yang-Tsé separando
con antigua paciencia los días de las noches.

Y ahora, bienamada, por el mar crepitante
volvemos como dos aves ciegas al muro,
al nido de la lejana primavera,

porque el amor no puede volar sin detenerse:
al muro o a las piedras del mar van nuestras vidas,
a nuestro territorio regresaron los besos.

Liebste, jetzt treten wir ein ins Haus,
die Ackerwinde klettert die Stufen empor:
schneller als du hat der nackte Sommer
mit seinem Geißblattfuß dein Schlafzimmer besetzt.

Unsere flüchtigen Küsse zogen durch die Welt:
Armenien, dicker Honigtropfen aus der Erde befreit,
Ceylon, die grüne Taube und der Jang-Tse, der
mit alter Geduld trennt den Tag von der Nacht.

Und also, Vielgeliebte, übers knisternde Meer
kehren wir zurück, zwei blinde Vögel wir, die
ihre Mauer finden, Nest eines fernen Frühlings;

denn Liebe kann nicht fliegen, ohne Rast zu machen:
hin zur Mauer oder zu des Meeres Steinen geht unser Leben,
heim in unser Land kehrten zurück die Küsse.

Eres hija del mar y prima del orégano,
nadadora, tu cuerpo es de agua pura,
cocinera, tu sangre es tierra viva
y tus costumbres son floridas y terrestres.

Al agua van tus ojos y levantan las olas,
a la tierra tus manos y saltan las semillas,
en agua y tierra tienes propiedades profundas
que en ti se juntan como las leyes de la greda.

Náyade, corta tu cuerpo la turquesa
y luego resurrecto florece en la cocina
de tal modo que asumes cuanto existe

y al fin duermes rodeada por mis brazos que apartan
de la sombra sombría, para que tú descanses,
legumbres, algas, hierbas: la espuma de tus sueños.

Tochter des Meeres bist du und des Oreganums Nichte,
dein Leib, Schwimmerin, ist aus reinem Wasser,
dein Blut, Köchin, ist lebende Erde,
und deine Gewohnheiten erhaben und irdisch.

Zum Wasser gehen deine Augen und heben die Wellen,
tauchst in Erde die Hände und aufspringt der Samen,
zu Lande und zu Wasser gehören dir weite Ländereien,
die sich in dir vereinen wie die Gesetze des Gesteins.

Najade, deinen Leib trennt der Türkis,
doch auferstanden blüht er in der Küche,
wo alles was vorhanden durch dich zu höchstem Rang

erhoben wird, bis meine Arme dich im Schlaf umgeben,
dich schützen vor der Schattenschwärze, damit du
ruhen kannst: Schaum deiner Träume Grünzeug und Gemüse.

Tu casa suena como un tren a mediodía,
zumban las avispas, cantan las cacerolas,
la cascada enumera los hechos del rocío,
tu risa desarrolla su trino de palmera.

La luz azul del muro conversa con la piedra,
llega como un pastor silbando un telegrama
y entre las dos higueras de voz verde,
Homero sube con zapatos sigilosos.

Sólo aquí la ciudad no tiene voz ni llanto,
ni sin fin, ni sonatas, ni labios, ni bocina,
sino un discurso de cascada y de leones,

y tú que subes, cantas, corres, caminas, bajas,
plantas, coses, cocinas, clavas, escribes, vuelves
o te has ido y se sabe que comenzó el invierno.

Es dröhnt dein Haus wie ein Zug zur Mittagszeit,
es sausen die Wespen, singen die Kasserollen;
der Wasserfall zählt auf die Taten des Taus,
dein Lachen gleicht des Palmbaums Musikalität.

Das blaue Licht der Mauer unterhält sich mit dem Stein,
kommt an wie ein Schäfer, der ein Telegramm uns pfeift,
und zwischen zwei Feigenbäumen mit grüner Stimme
kommt mit verschwiegenen Schuhen nach oben Homero'.

Erst hier verliert die Stadt ihre Klage und Stimme,
vorbei die Sonaten, Randlagen und stumm die Autohupen;
dafür sind im Gespräch der Wasserfall und die Löwen,

und du kommst, singst, läufst, wanderst, gehst,
pflanzt, nähst, kochst, nagelst, schreibst, kehrst
zurück oder bist längst fort: und der Winter ist nah.

* Sekretär Nerudas (A. d. Ü.)

Era verde el silencio, mojada era la luz,
temblaba el mes de junio como una mariposa
y en el austral dominio, desde el mar y las piedras,
Matilde, atravesaste el mediodía.

Ibas cargada de flores ferruginosas,
algas que el viento sur atormenta y olvida,
aún blancas, agrietadas por la sal devorante,
tus manos levantaban las espigas de arena.

Amo tus dones puros, tu piel de piedra intacta,
tus uñas ofrecidas en el sol de tus dedos,
tu boca derramada por toda la alegría,

pero, para mi casa vecina del abismo,
dame el atormentado sistema del silencio,
el pabellón del mar olvidado en la arena.

Grün war das Schweigen, feucht war die Luft,
der Monat Juni zitterte wie ein Schmetterling,
und in des Südens Dominium, Meer und Stein,
schrittest du, Matilde, durch den Mittag.

Du trugst schwer an den Eisenblumen,
Algen, die der Südwind bestürmt und vergißt,
weiß sind sie, und die Gier des Salzes schlägt ihnen Narben,
aufgerichtet haben deine Hände die Ähren aus Sand.

Ich liebe deine einfachen Gaben, deine Haut glatt wie Stein,
deine Nägel der Sonne deiner Finger dargeboten,
dein in der Freude verschwenderischer Mund,

doch für mein Haus, am Abgrund gebaut, gib mir
des Schweigens planvolle Folter,
des Meeres Pavillon im Sand vergessen.

Sabrás que no te amo y que te amo
puesto que de dos modos es la vida,
la palabra es un ala del silencio,
el fuego tiene una mitad de frío.

Yo te amo para comenzar a amarte,
para recomenzar el infinito
y para no dejar de amarte nunca:
por eso no te amo todavía.

Te amo y no te amo como si tuviera
en mis manos las llaves de la dicha
y un incierto destino desdichado.

Mi amor tiene dos vidas para amarte.
Por eso te amo cuando no te amo
y por eso te amo cuando te amo.

Du weißt, ich liebe dich und lieb dich nicht,
da ja das Leben, wie man weiß, zwei Seiten hat,
das Wort ist des Schweigens Flügel,
Kälte ist das Feuer in seiner Mitte.

Ich liebe dich, um mit der Liebe anzufangen,
um noch einmal mit dem Unendlichen zu beginnen,
und um nie aufzuhören, dich zu lieben:
dies kann der Liebe Grund nicht sein.

Ich liebe dich und lieb dich nicht, als hielt'
ich den Schlüssel zum Glück in Händen
sowie ein Schicksal, ungewiß und unheilvoll.

Meine Liebe hat, dich zu lieben, zwiefach Leben.
Deshalb liebe ich dich, wenn ich dich nicht liebe,
und deshalb liebe ich dich, wenn ich dich liebe.

No estés lejos de mí un solo día, porque cómo,
porque, no sé decirlo, es largo el día,
y te estaré esperando como en las estaciones
cuando en alguna parte se durmieron los trenes.

No te vayas por una hora porque entonces
en esa hora se juntan las gotas del desvelo
y tal vez todo el humo que anda buscando casa
venga a matar aún mi corazón perdido.

Ay que no se quebrante tu silueta en la arena,
ay que no vuelen tus párpados en la ausencia:
no te vayas por un minuto, bienamada,

porque en ese minuto te habrás ido tan lejos
que yo cruzaré toda la tierra preguntando
si volverás o si me dejarás muriendo.

Entferne dich von mir nicht einen Tag, weil –,
wie soll ich's sagen, ein Tag lang ist,
und ich auf dich warten werde wie auf Bahnhöfen,
wo im Irgendwo schlaftrunkne Züge stehen.

Geh nicht weg, und sei's für eine Stunde, weil
dann versammeln sich die Tropfen der Schlaflosigkeit
und womöglich der Rauch, der eine Wohnstatt sucht,
wird kommen und töten mein verlorenes Herz.

Ach, deine Silhouette soll nicht brechen im Sand,
deine Augenlider nicht in der Abwesenheit fliehn,
ach, Vielgeliebte, geh nicht fort für eine Minute!

Denn in dieser Minute wirst du so weit fort sein,
daß ich über die Erde ziehen müßte und mich fragte,
ob du zurückkehrst oder mich dem Sterben überläßt.

Dos amantes dichosos hacen un solo pan,
una sola gota de luna en la hierba,
dejan andando dos sombras que se reúnen,
dejan un solo sol vacío en una cama.

De todas las verdades escogieron el día:
no se ataron con hilos sino con un aroma,
y no despedazaron la paz ni las palabras.
La dicha es una torre transparente.

El aire, el vino van con los dos amantes,
la noche les regala sus pétalos dichosos,
tienen derecho a todos los claveles.

Dos amantes dichosos no tienen fin ni muerte,
nacen y mueren muchas veces mientras viven,
tienen la eternidad de la naturaleza.

Zwei Liebende im Glück bilden einen Laib,
einen einzigen Tropfen Mond im Grase,
führen zwei Schatten spazieren, die sich vereinen,
lassen eine unbeschäftigte Sonne zurück in einem Bett.

Von allen Wahrheiten gehört ihnen der Tag:
nicht Garn hat sie gebunden, aber ein Duft vereint,
zerpflückt haben sie den Frieden nicht und nicht die Worte.
Das Glück ist ein durchsichtiger Turm.

Luft und Wein sind der Liebenden Begleiter,
die Nacht beschenkt sie mit seligen Blumenkronen,
und Anspruch haben sie auf alle Nelken.

Zwei Liebende im Glück kennen weder Ende noch Tod,
solange sie leben, werden sie vielfach geboren und sterben,
in ihnen wirkt Natur in ihrer Ewigkeit.

Aquí está el pan, el vino, la mesa, la morada:
el menester del hombre, la mujer y la vida:
a este sitio corría la paz vertiginosa,
por esta luz ardió la común quemadura.

Honor a tus dos manos que vuelan preparando
los blancos resultados del canto y la cocina,
salve! la integridad de tus pies corredores
viva! la bailarina que baila con la escoba.

Aquellos bruscos ríos con aguas y amenazas,
aquel atormentado pabellón de la espuma,
aquellos incendiarios panales y arrecifes

son hoy este reposo de tu sangre en la mía,
este cauce estrellado y azul como la noche,
esta simplicidad sin fin de la ternura.

Hier ist das Brot, der Wein, der Tisch, die Bleibe:
alles, was Mann und Frau und das Leben brauchen:
an diesen Ort begab sich der schwankende Friede,
für sein Licht brannte unser aller Brandmal.

Ehre sei deinen weißen Händen, die im Fluge
das makellose Resultat des Liedes und der Küche finden,
salve! die Jungfräulichkeit deiner flinken Füße,
viva! die Balletteuse, die mit dem Besen tanzt.

Einst die ungestümen Flüsse voll Wasser und Gefahren,
einst der belagerte Meerschaumpavillon,
jene leicht entzündbaren Honigwaben und Felsenriffe,

heut sind sie deines und meines Blutes Ruhestatt,
Flußbett von nachtblauer Farbe, von Sternen zersetzt,
so ganz und vollkommen eine Zärtlichkeit ohne Ende.

Tarde

Abend

Espléndida razón, demonio claro
del racimo absoluto, del recto mediodía,
aquí estamos al fin, sin soledad y solos,
lejos del desvarío de la ciudad salvaje,

Cuando la línea pura rodea su paloma
y el fuego condecora la paz con su alimento
tú y yo erigimos este celeste resultado.
Razón y amor desnudos viven en esta casa.

Sueños furiosos, ríos de amarga certidumbre,
decisiones más duras que el sueño de un martillo
cayeron en la doble copa de los amantes.

Hasta que en la balanza se elevaron, gemelos,
la razón y el amor como dos alas.
Así se construyó la transparencia.

Wunderbar strahlende Vernunft, klarer Dämon
absoluter Blütentraube, senkrechter Mittagsstunde,
endlich sind wir hier, einsam nicht und doch allein,
weit weg vom Ungestüm der wilden Stadt.

Wenn die reine Linie Kreise zieht um ihre Taube,
wenn das Feuer den Frieden preist mit seiner Nahrung,
bauen du und ich uns diesen Teil des Himmels.
Vernunft und Liebe, und beide nackt, beleben dieses Haus.

Wilde Träume, Flüsse voll bitterer Gewißheit,
Entscheidungen härter als der Traum eines Hammers
fielen in den zwiefachen Kelch der Liebenden.

Erst in der Bilanz sah man als Zwillinge sich erheben
die Vernunft und die Liebe gleich einem Flügelpaar.
So ward die Transparenz erschaffen.

Acostúmbrate a ver detrás de mí la sombra
y que tus manos salgan del rencor, transparentes,
como si en la mañana del mar fueran creadas:
la sal te dio, amor mío, proporción cristalina.

La envidia sufre, muere, se agota con mi canto.
Uno a uno agonizan sus tristes capitanes.
Yo digo amor, y el mundo se puebla de palomas.
Cada sílaba mía trae la primavera.

Entonces tú, florida, corazón, bienamada,
sobre mis ojos como los follajes del cielo
eres, y yo te miro recostada en la tierra.

Veo el sol transmigrar racimos a tu rostro,
mirando hacia la altura reconozco tus pasos.
Matilde, bienamada, diadema, bienvenida!

Gewöhn dich dran, den Schatten hinter mir zu sehn,
und durchsichtig sollen deine Hände heraustreten
aus dem Groll, als hätt' des Meeres Frühe sie erschaffen:
das Salz gab dir, mein Lieb, seine kristalline Proportion.

Mit meinem Lied leidet, stirbt und vergeht der Neid.
Einen nach dem andern ereilt der Tod seine traurigen Kapitäne.
Ich singe Liebe, und die Welt bevölkert sich mit Tauben.
Eine jede Silbe von mir bringt den Frühling.

Dann Vielgeliebte du, Herzblume meiner Sinne,
ruhst auf meinen Augen du wie das Laubwerk des Himmels,
und auf der Erde liegend schau ich dich an.

Ich seh die Sonne, Blüten legt sie auf dein Gesicht,
aufwärts blickend, erkenn ich deine Schritte.
Matilde, Vielgeliebte, Diadem, sei mir willkommen!

Pobres poetas a quienes la vida y la muerte
persiguieron con la misma tenacidad sombría
y luego son cubiertos por impasible pompa
entregados al rito y al diente funerario.

Ellos – oscuros como piedrecitas – ahora
detrás de los caballos arrogantes, tendidos
van, gobernados al fin por los intrusos,
entre los edecanes, a dormir sin silencio.

Antes y ya seguros de que está muerto el muerto
hacen de las exequias un festín miserable
con pavos, puercos y otros oradores.

Acecharon su muerte y entonces la ofendieron:
sólo porque su boca está cerrada,
y ya no puede contestar su canto.

Arme Poeten, verfolgt im Leben wie im Tode
von gleicher zähfließender Schatten Dichte,
um dann von gefühllosem Pomp bedeckt zu werden,
dem was der Brauch ist überlassen und dem Zahn der Zeit.

Dann – farblos wie graue Kiesel – ausgestreckt
liegen sie hinter den hochtrabenden Pferden,
nun endlich im Griff der Besserwisser,
und ihr Schlaf, begleitet von Dekanen, ist ohne Ruh'.

Zuvor, und weil sie sicher sind, daß der Tote tot ist,
machen sie aus dem Leichenbegängnis ein miserables Fest
mit Pfauen, Schweinen und sonstigen Rednern.

Sie haben seinen Tod vorausgesagt und ergo ihn geschmäht:
nur weil sein Mund nunmehr verschlossen ist
und sein Lied die Antwort nicht mehr geben kann.

Ay de mí, ay de nosotros, bienamada,
sólo quisimos sólo amor, amarnos,
y entre tantos dolores se dispuso
sólo nosotros dos ser malheridos.

Quisimos el tú y yo para nosotros,
el tú del beso, el yo del pan secreto,
y así era todo, eternamente simple,
hasta que el odio entró por la ventana.

Odian los que no amaron nuestro amor,
ni ningún otro amor, desventurados
como las sillas de un salón perdido,

hasta que se enredaron en ceniza
y el rostro amenazante que tuvieron
se apagó en el crepúsculo apagado.

Weh mir, weh über uns, du Vielgeliebte,
nichts als Liebe wollten wir und nur uns lieben
und unter all dem Leid ward
uns an Wunden viel und Leid beschieden.

Was wir verlangten, hieß Du und Ich,
Du warst der Kuß und ich das heimliche Brot,
und es hätte so, eine Ewigkeit lang, bleiben können,
bis dann der Haß einstieg durch ein Fenster.

Haß derer, die nicht unsre Liebe liebten,
auch keine andre Liebe nicht, glücklos
wie Stühle in einem nicht benutzten Salon,

bis sie sich fanden in der Asche,
und ihr Gesicht, einst war es fürchterlich,
in der fahlen Abenddämmerung erlosch.

Matilde, dónde estás? Noté, hacia abajo,
entre corbata y corazón, arriba,
cierta melancolía intercostal:
era que tú de pronto eras ausente.

Me hizo falta la luz de tu energía
y miré devorando la esperanza,
miré el vacío que es sin ti una casa,
no quedan sino trágicas ventanas.

De puro taciturno el techo escucha
caer antiguas lluvias deshojadas,
plumas, lo que la noche aprisionó:

y así te espero como casa sola
y volverás a verme y habitarme.
De otro modo me duelen las ventanas.

Wo bist du, Matilde? Ich spüre nach unten hin,
so zwischen Krawatte und Herz, mehr nach oben,
eine gewisse zwischen-rippige Melancholie:
mit einmal sah ich dich nicht mehr.

Was ich entbehrte, war die Stärke deines Lichts,
und als ich mir die Hoffnung einverleibte,
schaute ich ins Nichts, das ist dies Haus ganz ohne dich,
das sind die Fenster, tragisch, wenn sie übrigbleiben.

Von Worten leer die Decke, sie lauscht
dem Blätterfall längst vergangner Regentage,
Federn, all das, was die Nacht gefangenhielt:

und wie ein einsames Haus erwart ich dich,
kehre zu mir zurück, bewohne mich.
Tust du es nicht, muß ich den Schmerz der Fenster tragen.

La gran lluvia del Sur cae sobre Isla Negra
como una sola gota transparente y pesada,
el mar abre sus hojas frías y la recibe,
la tierra aprende el húmedo destino de una copa.

Alma mía, dame en tu beso el agua
salobre de estos meses, la miel del territorio,
la fragancia mojada por mil labios del cielo,
la paciencia sagrada del mar en el invierno.

Algo nos llama, todas las puertas se abren solas,
relata el agua un largo rumor a las ventanas,
crece el cielo hacia abajo tocando las raíces,

y así teje y desteje su red celeste el día
con tiempo, sal, susurros, crecimientos, caminos,
una mujer, un hombre, y el invierno en la tierra.

Des Südens großer Regen fällt auf Isla Negra,
ein einzger Tropfen nur, durchsichtig und schwer,
das Meer öffnet sein Blattwerk, ihn zu empfangen,
die Erde lernt, was die Bestimmung eines Kelches ist.

Du meine Seele, gib mir in deinem Kuß das nach Salz
schmeckende Wasser dieser Monde, Honig des Landes,
den von tausend Himmelslippen feuchten Duft,
des Meeres heilige Geduld zur Winterzeit.

Etwas ruft nach uns, von selber gehen alle Türen auf,
den Fenstern raunt das Wasser ein langes Gerücht zu,
es wächst der Himmel erdwärts und berührt die Wurzeln,

und es webt und trennt der Tag sein Himmelsnetz,
nimmt Zeit, Salz, Seufzer, Wachstum, Wege,
ein Weib, einen Mann sowie den Winter auf Erden.

De pena en pena cruza sus islas el amor
y establece raíces que luego riega el llanto,
y nadie puede, nadie puede evadir los pasos
del corazón que corre callado y carnicero.

Así tú y yo buscamos un hueco, otro planeta
en donde no tocara la sal tu cabellera,
en donde no crecieran dolores por mi culpa,
en donde viva el pan sin agonía.

Un planeta enredado por distancia y follajes,
un páramo, una piedra cruel y deshabitada,
con nuestras propias manos hacer un nido duro,

queríamos, sin daño ni herida ni palabra,
y no fue así el amor, sino una ciudad loca
donde la gente palidece en los balcones.

Liebe ist auf Kreuzfahrt unterwegs, von Leid zu Leid,
von Insel zu Insel, schlägt Wurzeln, die Klage benetzt,
und niemand kann, niemand kann den Schritten des Herzens
entgehn, das verschwiegen und grausam dahineilt.

So kommt es, daß du und ich eine Höhle suchen,
einen Planeten, wo vom Salz dein Haar verschont wird,
wo kein Leid erwächst durch meine Schuld,
wo das Brot lebt ohne Todesnot.

Ein Planet weit weg, von Laubwerk ganz umhüllt,
ein Brachfeld, ein Stein grausam und unbewohnt,
mit unsren eignen Händen ein dauerhaftes Nest

wollten wir, wo es den Schmerz nicht gibt, nicht Wort noch
        Wunde,
und trafen doch die Liebe hier nicht an, in dieser Stadt
des Wahns, wo Menschen auf ihren Balkonen erbleichen.

Amor mío, el invierno regresa a sus cuarteles,
establece la tierra sus dones amarillos
y pasamos la mano sobre un país remoto,
sobre la cabellera de la geografía.

Irnos! Hoy! Adelante, ruedas, naves, campanas,
aviones acerados por el diurno infinito
hacia el olor nupcial del archipiélago,
por longitudinales harinas de usufructo!

Vamos, levántate, y endiadémate y sube
y baja y corre y trina con el aire y conmigo
vámonos a los trenes de Arabia o Tocopilla,

sin más que transmigrar hacia el polen lejano,
a pueblos lancinantes de harapos y gardenias
gobernados por pobres monarcas sin zapatos.

Mein Lieb, schon kehrt der Winter zurück in seine Quartiere,
die Erde verschenkt ihrer gelben Mitgift Gaben,
und mit der Hand fahren wir über ein fernes Land,
berühren den Haarschopf der Geographie.

Reisen! Noch heute! Vorwärts, Räder, Schiffe, Glocken,
Flugzeuge, gestählt vom unendlichen Tag,
hin zu des Archipels hochzeitlichem Duft,
über Längengrade aus nützlichem Mehl!

Gehen wir, erhebe dich, leg an dein Diadem, lauf
nach oben, komm herunter, schnell, sing ein Lied
mit mir, mit der Luft, auf zu den Zügen nach Arabien

oder nach Tocopilla, mühelos auswandern zu ferner Blüte,
zu Völkern in Lumpen und Gardenien,
regiert von armen Monarchen ohne Schuh.

Diego Rivera con la paciencia del oso
buscaba la esmeralda del bosque en la pintura
o el bermellón, la flor súbita de la sangre,
recogía la luz del mundo en tu retrato.

Pintaba el imperioso traje de tu nariz,
la centella de tus pupilas desbocadas,
tus uñas que alimentan la envidia de la luna,
y en tu piel estival, tu boca de sandía.

Te puso dos cabezas de volcán encendidas
por fuego, por amor, por estirpe araucana,
y sobre los dos rostros dorados de la greda

te cubrió con el casco de un incendio bravío
y allí secretamente quedaron enredados
mis ojos en su torre total: tu cabellera.

Mit Bärengeduld hat Diego Rivera
des Waldes Smaragd in der Malerei gesucht,
des Blutes jähe Blume, den Zinnober, und
hat das Licht der Welt in deinem Bild gebündelt.

Gemalt hat er deiner Nase imperiale Tracht,
den Funken deiner ausschweifenden Pupillen,
deine Fingernägel, die der Mond beneidet,
und deiner Sommerhaut deinen Wassermelonenmund.

Schuf zwei Köpfe dir auf einem feuerspeienden Vulkan,
der vor Liebe glüht und deiner Herkunft wegen,
Araukanerin, und überm Doppelgesicht, die der Kreidestrich

golden tönt, stülpt er den Helm dir einer un-
gebändigten Feuersbrunst: heimlich begann mein Blick
zu wandern, bis ihn der Turmbau deines Haars gefangennahm.

Hoy es hoy con el peso de todo el tiempo ido
con las alas de todo lo que será mañana,
hoy es el Sur del mar, la vieja edad del agua
y la composición de un nuevo día.

A tu boca elevada a la luz o a la luna
se agregaron los pétalos de un día consumido
y ayer viene trotando por su calle sombría
para que recordemos tu rostro que se ha muerto.

Hoy, ayer y mañana se comen caminando,
consumimos un día como una vaca ardiente
nuestro ganado espera con sus días contados,

pero en tu corazón el tiempo echó su harina,
mi amor construyó un horno con barro de Temuco:
tú eres el pan de cada día para mi alma.

Heut ist heute mit all dem Gewicht vergangner Zeit,
auf ihren Flügeln was das Morgen bringt,
heut ist das Meer des Südens, des Wassers hohes Alter,
und die Dichtung eines neuen Tags.

Dein Mund, dem Lichte oder dem Monde zugewandt,
lockt die Blüten an eines verbrauchten Tages.
Und auf der Schattenstraße trottet das Gestern,
damit wir dein Gesicht erinnern, das gestorben ist.

Heute, Gestern, Morgen verschlingen sich im Gehen,
es verzehrt sich unser Tag wie eine brünstige Kuh,
und es wartet unsere Herde und gezählt sind ihre Tage,

in dein Herz aber streute die Zeit ihr Mehl,
meine Liebe baute einen Ofen mit Lehm aus Temuco:
für meine Seele bist du mein täglich Brot.

Noche

Nacht

De noche, amada, amarra tu corazón al mío
y que ellos en el sueño derroten las tinieblas
como un doble tambor combatiendo en el bosque
contra el espeso muro de las hojas mojadas.

Nocturna travesía, brasa negra del sueño
interceptando el hilo de las uvas terrestres
con la puntualidad de un tren descabellado
que sombra y piedras frías sin cesar arrastrara.

Por eso, amor, amárrame al movimiento puro,
a la tenacidad que en tu pecho golpea
con las alas de un cisne sumergido,

para que a las preguntas estrelladas del cielo
responda nuestro sueño con una sola llave,
con una sola puerta cerrada por la sombra.

Zur Nacht, Geliebte, vertäue dein Herz an das meine
und mögen so beide im Schlaf die Finsternis vertreiben
wie zwei Trommeln, die im Walde gegen
die feste Mauer aus nassen Blättern schlagen.

Nächtliche Überfahrt, schwarze Glut des Traums
zerstört den Nabel irdischer Trauben
so zuverlässig wie ein rasender Zug,
der Schatten und kalte Steine ohne Unterlaß heranschleppt.

Deshalb, Geliebte, unterwirf mich der reinen Bewegung,
der Ausdauer, die in deiner Brust mit den Flügeln
eines Schwans unter Wasser schlägt,

damit auf des Himmels gestirnte Fragen
unser Traum mit nur einem Schlüssel antworte,
auf eine Tür, vom Schatten verschlossen, zeige.

Amor mío, al cerrar esta puerta nocturna
te pido, amor, un viaje por oscuro recinto:
cierra tus sueños, entra con tu cielo en mis ojos,
extiéndete en mi sangre como en un ancho río.

Adiós, adiós, cruel claridad que fue cayendo
en el saco de cada día del pasado,
adiós a cada rayo de reloj o naranja,
salud oh sombra, intermitente compañera!

En esta nave o agua o muerte o nueva vida,
una vez más unidos, dormidos, resurrectos,
somos el matrimonio de la noche en la sangre.

No sé quién vive o muere, quién reposa o despierta,
pero es tu corazón el que reparte
en mi pecho los dones de la aurora.

Beim Schließen dieser nächtlichen Tür, mein Lieb,
bitte ich dich, laß uns reisen an einen dunklen Ort:
verschließ deine Träume, gib deinen Himmel in meine Augen,
löse dich auf in meinem Blut wie in einem Strom.

Lebe wohl, grausame Klarheit, lebe wohl,
du fandest dein Ende in den Tagen, die vergangen sind,
lebe wohl Blitz, Uhr, lebe wohl Orange
gegrüßt seiest du, Schatten, ausgesetzter Gefährte!

In diesem Schiff oder Wasser, Tod oder neuem Leben,
sind wir einmal mehr vereint, schlafend, auferstanden,
nächtlich des Blutes Eheleut.

Ich weiß nicht, wer lebt und wer stirbt, ruht oder wacht,
aber es ist dein Herz, das in meiner Brust
die Gaben der Morgenröte verteilt.

Es bueno, amor, sentirte cerca de mí en la noche,
invisible en tu sueño, seriamente nocturna,
mientras yo desenredo mis preocupaciones
como si fueran redes confundidas.

Ausente, por los sueños tu corazón navega,
pero tu cuerpo así abandonado respira
buscándome sin verme, completando mi sueño
como una planta que se duplica en la sombra.

Erguida, serás otra que vivirá mañana,
pero de las fronteras perdidas en la noche,
de este ser y no ser en que nos encontramos

algo queda acercándonos en la luz de la vida
como si el sello de la sombra señalara
con fuego sus secretas criaturas.

Es ist gut, Geliebte, dich nah zu fühlen in der Nacht,
unsichtbar bist du in deinem Schlaf, an die Nacht gegeben,
indes ich meine Besorgnisse in Ordnung bringe,
als wären sie in Unordnung gebrachte Netze.

In deinen Träumen reist dein abwesendes Herz,
dein Leib aber in seiner Verlassenheit atmet
und sucht mich, ohne mich zu sehen, ergänzt meinen Traum
wie eine Pflanze, die im Schatten zwiefach wächst.

Aufrecht wirst du morgen als eine andre leben,
doch von den Grenzen, die wir in der Nacht verloren,
in diesem Sein und Nicht-Sein unseres Befindens,

bleibt etwas, wenn wir uns dem Licht des Lebens nähern,
als ob ein Schattenmal sein Siegel drückt
mit Feuer auf seine verschwiegenen Geschöpfe.

Oh cruz del sur, oh trébol de fósforo fragante,
con cuatro besos hoy penetró tu hermosura
y atravesó la sombra y mi sombrero:
la luna iba redonda por el frío.

Entonces con mi amor, con mi amada, oh diamantes
de escarcha azul, serenidad del cielo,
espejo, apareciste y se llenó la noche
con tus cuatro bodegas temblorosas de vino.

Oh palpitante plata de pez pulido y puro,
cruz verde, perejil de la sombra radiante,
luciérnaga a la unidad del cielo condenada,

descansa en mí, cerremos tus ojos y los míos.
Por un minuto duerme con la noche del hombre.
Enciende en mí tus cuatro números constelados.

O Kreuz des Südens, Kleeblatt aus duftendem Phosphor,
mit vier Küssen ward heut deine Schönheit ergründet,
und mich traf es durch meines Hutes Schatten:
vor Kälte rund ging auf der Mond.

Mit einmal da, o ihr Diamanten aus blauem Reif, Heiterkeit
des Himmels, Liebe und Geliebte, Spiegelbild,
erschienest du und in der Nacht erbebten
deine vier Gewölbe voll von zitterndem Wein.

O pochendes Silber aus glänzend reinem Fisch,
grünes Kreuz, Petersilie des strahlenden Schattens,
Leuchtkäfer, zur himmlischen Einheit verdammt,

ruhe in mir, schließen wir deine und meine Augen.
Teile für eine Minute des Menschen Nacht.
Entzünde in mir deine vier numerischen Himmelszeichen.

Las tres aves del mar, tres rayos, tres tijeras,
cruzaron por el cielo frío hacia Antofagasta,
por eso quedó el aire tembloroso,
todo tembló como bandera herida.

Soledad, dame el signo de tu incesante origen,
el apenas camino de los pájaros crueles,
y la palpitación que sin duda precede
a la miel, a la música, al mar, al nacimiento.

(Soledad sostenida por un constante rostro
como una grave flor sin cesar extendida
hasta abarcar la pura muchedumbre del cielo.)

Volaban alas frías del mar, del Archipiélago,
hacia la arena del Noroeste de Chile.
Y la noche cerró su celeste cerrojo.

Drei Meeresvögel, drei Blitze, drei Scheren
flogen am kalten Himmel nach Antofagasta,
davon bebte noch lange die Luft,
alles zitterte wie verletzte Fahnen.

Einsamkeit, gib mir das Siegel deines unablässigen Ursprungs,
den unmerklichen Weg der grausamen Vögel
und das pochende Herz, das vorausgeht
dem Honig, der Musik, dem Meer, der Geburt.

(Einsamkeit, dich trägt ein standhaftes Gesicht
so wie eine feierliche Blume, die immerzu gehalten
wird, bis sie des Himmels reine Vielfalt erreicht.)

Es flogen des Meeres kalte Flügel, des Archipels,
hin zum chilenischen Nordweststrand.
Und die Nacht schloß ihren Himmelsriegel.

El mes de marzo vuelve con su luz escondida
y se deslizan peces inmensos por el cielo,
vago vapor terrestre progresa sigiloso,
una por una caen al silencio las cosas.

Por suerte en esta crisis de atmósfera errabunda
reuniste las vidas del mar con las del fuego,
el movimiento gris de la nave de invierno,
la forma que el amor imprimió a la guitarra.

Oh amor, rosa mojada por sirenas y espumas,
fuego que baila y sube la invisible escalera
y despierta en el túnel del insomnio a la sangre

para que se consuman las olas en el cielo,
olvide el mar sus bienes y leones
y caiga el mundo adentro de las redes oscuras.

Es kehrt der März zurück mit seinem verborgenen Licht,
und Riesenfische gleiten durch den Himmel,
der Erde vager Dunst steigt lautlos auf,
eins nach dem andern fallen ins Schweigen die Dinge.

Es fügt sich, daß du an diesem Wendepunkt schweifender
Atmosphäre des Meeres und des Feuers Leben verbunden hast,
die graue Unruhe des Winterschiffes,
die Form der Gitarre, die ihr die Liebe gab.

O Liebe du, von Sirenen und Schaum benetzte Rose,
Feuer tanzend und steigend auf der unsichtbaren Leiter,
du weckst im Tunnel der Schlaflosigkeit das Blut,

damit im Himmel sich die Wellen verzehren,
das Meer seinen Besitz und seine Löwen vergißt
und die Welt der dunklen Netze Beute wird.

Cuando yo muera quiero tus manos en mis ojos:
quiero la luz y el trigo de tus manos amadas
pasar una vez más sobre mí su frescura:
sentir la suavidad que cambió mi destino.

Quiero que vivas mientras yo, dormido, te espero,
quiero que tus oídos sigan oyendo el viento,
que huelas el aroma del mar que amamos juntos
y que sigas pisando la arena que pisamos.

Quiero que lo que amo siga vivo
y a ti te amé y canté sobre todas las cosas,
por eso sigue tú floreciendo, florida,

para que alcances todo lo que mi amor te ordena,
para que se pasee mi sombra por tu pelo,
para que así conozcan la razón de mi canto.

Sterbe ich, will ich deine Hände auf meinen Augen:
ich will das Licht und den Weizen deiner geliebten Hände,
einmal mehr sollen sie mit ihrer Kühle über mich streichen:
spüren will ich die Sanftheit, die mein Schicksal änderte.

Ich will, daß du lebst, indes ich schlafend auf dich warte,
ich will, daß deine Ohren noch immer den Wind hören,
daß du den Geruch des Meeres riechst, das wir geliebt,
und daß dein Fuß den Sand betritt, den wir betreten.

Das, was ich liebe, soll am Leben bleiben,
und dich hab ich geliebt und besungen über alles,
deshalb, Blütenreiche, blühe weiter,

auf daß dir alles werde, was meine Liebe dir aufgibt,
damit mein Schatten berühre dein Haar,
damit jeder meines Liedes Grund erkennen kann.

Si muero sobrevíveme con tanta fuerza pura
que despiertes la furia del pálido y del frío,
de sur a sur levanta tus ojos indelebles,
de sol a sol que suene tu boca de guitarra.

No quiero que vacilen tu risa ni tus pasos,
no quiero que se muera mi herencia de alegría,
no llames a mi pecho, estoy ausente.
Vive en mi ausencia como en una casa.

Es una casa tan grande la ausencia
que pasarás en ella a través de los muros
y colgarás los cuadros en el aire.

Es una casa tan transparente la ausencia
que yo sin vida te veré vivir
y si sufres, mi amor, me moriré otra vez.

Sterb ich, so überlebe mich mit all deiner reinen Kraft,
daß du erweckst den Zorn der fahlen Furie und der Kälte,
von Süd nach Süden hin erhebe deine unauslöschlichen Augen,
von Sonn zu Sonne soll dein Gitarrenmund erklingen.

Will nicht, daß dein Lachen und deine Schritte zögern,
will nicht, daß meines Frohsinns Erbe stirbt,
klopf nicht an meine Brust, ich bin nicht da.
Lebe in meiner Abwesenheit wie in einem Haus.

Die Abwesenheit ist ein so großes Haus,
du kannst durch seine Wände treten
die Bilder aufhängen in der Luft.

Ein so durchsichtiges Haus ist die Abwesenheit,
daß ohne Leben ich dich am Leben sehen werde,
und leidest du, mein Lieb, sterb ich ein zweites Mal.

Hay que volar en este tiempo, a dónde?
Sin alas, sin avión, volar sin duda:
ya los pasos pasaron sin remedio,
no elevaron los pies del pasajero.

Hay que volar a cada instante como
las águilas, las moscas y los días,
hay que vencer los ojos de Saturno
y establecer allí nuevas campanas.

Ya no bastan zapatos ni caminos,
ya no sirve la tierra a los errantes,
ya cruzaron la noche las raíces,

y tú aparecerás en otra estrella
determinadamente transitoria
convertida por fin en amapola.

Fliegen muß man in dieser Zeit – wohin?
Ohne Flügel, ohne Flugzeug, aber fliegen ganz gewiß:
nichts gebracht haben die Schritte, die vorübergingen,
sie haben die Füße des Reisenden nicht emporgehoben.

Fliegen muß man in jedem Augenblick wie
die Adler, die Fliegen und die Tage,
bezwingen muß man Saturns Augen
und einsetzen soll man neue Glocken.

Nun sind weder Schuh noch Weg genug,
nun taugt die Erde nicht mehr den Verirrten,
nun haben die Wurzeln die Nacht durchzogen,

und dein Bild wird auf einem andren Stern erscheinen,
ein für allemal vergänglich
und in eine Mohnblume verwandelt zum guten Ende.

Otros días vendrán, será entendido
el silencio de plantas y planetas
y cuántas cosas puras pasarán!
Tendrán olor a luna los violines!

El pan será tal vez como tú eres:
tendrá tu voz, tu condición de trigo,
y hablarán otras cosas con tu voz:
los caballos perdidos del otoño.

Aunque no sea como está dispuesto
el amor llenará grandes barricas
como la antigua miel de los pastores,

y tú en el polvo de mi corazón
(en donde habrán inmensos almacenes)
irás y volverás entre sandías.

Andere Tage werden kommen, verstehen wird man
das Schweigen der Pflanzen und Planeten,
und so viele lautere Dinge werden sein!
Nach Mond duften werden die Violinen!

Das Brot wird womöglich so sein wie du:
es wird deine Stimme haben, deine weizenhafte Herkunft,
und noch etwas wird mit deiner Stimme reden:
des Herbstes verlorene Pferde.

Auch wenn es nicht so kommt, wie es sollte,
so wird doch Liebe große Fässer füllen
wie ehedem der Hirten Honig,

und im Staube meines Herzens
(mit seinen Riesenkramläden)
wirst du unter Wassermelonen wandeln.

Pablo Neruda – ein Dichter der Liebe
Nachwort

Pablo Nerudas Liebessonette, 1959 im Eigenverlag publiziert, lieferbar nur auf Bestellung, sind von der Kritik stets mit besonderer Diskretion betrachtet worden. Lange Zeit schwebte über ihnen der schwarze Engel katholisch-bürgerlicher Moral; denn diese Gedichte sind Zeugnisse eines Ehebruchs. Doch wer von uns, die wir sie heute lesen, möchte sich den Genuß verderben lassen, indem er sie post festum an einer Moral mißt, die auch schon lange keinen Bestand mehr hat. Die »Hundert Liebessonette« sind Matilde Urrutia gewidmet.

Der Dichter lernt sie 1946 kennen, und er vergißt sie nach erster und mehr zufälliger Liebesnacht. 1949 führt Amor noch einmal Regie und schickt Matilde ans Krankenlager Nerudas – er litt an einer Venenentzündung –; von nun an wollen sie einander nicht mehr loslassen. Der Dichter erklärt sie zu seiner Muse und zu seiner Krankenschwester; in den Sonetten sehen wir Matilde die Köchin und Matilde die Gärtnerin, Matilde die Sekretärin und Geliebte auf Zeit. Ein erstes Mal heiraten sie auf Capri in theatralischer Kostümierung, wie Neruda es liebte, mit dem Mond als Trauzeugen. Nach dem Gesetz heiraten sie erst am 28. Oktober 1966 in Chile, auf Isla Negra.

Davor liegen die Jahre des Doppellebens. Anonym erscheinen

1952 Nerudas »Verse des Kapitäns«, leidenschaftliche Notate des Augenblicks, der Geliebten in Hotels und auf Reisen zugesteckt, auf Servietten und Hotelrechnungen gekritzelte Huldigungen und Tröstungen. Die Liebessonette dagegen sind im Vergleich mit den »Versen des Kapitäns« in Ruhe geschriebene Bestandsaufnahmen einer Liebe, die abwechselnd das Gesicht der Medusa und das der Muse zeigt.

Im Poem »Holzfäller, wach auf!« (aus »Der Große Gesang«) finden wir die erste Spur dieser Liebe, die noch nicht bei ihrem Namen genannt wird. Der Dichter bittet um Frieden für seine rechte Hand, »die nur schreiben will Rosario«. Erst in den Liebessonetten erklingt die Anrufung der geliebten Matilde in poetischer Überhöhung: »Matilde ... / Du bist, was aus der Erde wächst und währt ...«

Daß die »Verse des Kapitäns« anonym erschienen, geschah aus Rücksicht auf Nerudas Ehefrau Delia del Carril. Für den zwanzig Jahre jüngeren Dichter war sie einst die Fee gewesen, die den melancholischen Jüngling aus dem regenverhangenen chilenischen Süden in die künstlichen Paradiese der Städte versetzte. Aus kultivierter aristokratischer Familie kommend, öffnete sie ihm die Türen zu den Kreisen, in denen Kunst und Schönheit etwas galten. Und sie begleitet Neruda auf seiner Flucht durch die Länder Lateinamerikas nach Europa, als der chilenische Diktator Videla den kommunistischen Abgeordneten Neftalí Reyes, bekannter als Pablo Neruda, 1948 für vogelfrei erklärt.

Es sind die Jahre des Kalten Krieges. Aus Moskau und Ostberlin kommend, darf Neruda nicht in Frankreich einreisen. Im Januar 1952 verfügt die italienische Regierung seine Ausweisung. Doch in Rom begrüßt den Dichter eine protestierende Lesergemeinde. Die Schriftstellerin Elsa Morante schlägt mit dem Regenschirm auf die Carabinieri ein. Tage später nimmt die Regierung ihre Verfügung zurück. Und so beginnt auf Capri die große Romanze mit Matilde Urrutia, die Neruda gefolgt war und sich mit ihm in Berlin und in Bukarest heimlich getroffen hatte.

Neruda nennt sie einmal sein »Bauernmädchen aus Coihueco«. Wie er stammte Matilde Urrutia aus den armen Verhältnissen des Südens: »Du kommst ... / aus den rauhen Regionen von Erdbeben und Kälte ... / Du bist der arme Süden, von da kommt auch meine Seele: / deine Mutter in ihrem Himmel wäscht noch immer die Wäsche / mit meiner Mutter. Deshalb, Gefährtin, habe ich dich erkoren.«

Matilde Urrutia war Absolventin des Konservatoriums von Santiago. In Mexiko hatte sie eine Musikschule gegründet. Sie war, liest man ihre Memoiren (»Mein Leben mit Pablo Neruda«, dt. 1989), die naive Schönheit vom Lande mit dem sprichwörtlich großen Herzen. In den Jahren an der Seite Nerudas, schreibt sie, absolvierte sie ihre politische Erziehung. Nach dem Tode Nerudas bleibt sie in Chile – für die Junta eine lästige, mahnende Erscheinung. Unter Lebensgefahr betreut sie die nachgelassenen Manuskripte. Sie erfüllt so Nerudas

Bitte in einem der letzten Sonette: »Sterb ich, so überlebe mich mit all deiner reinen Kraft,/daß du erweckst den Zorn der fahlen Furie und der Kälte . . .«

Am zehnten Todestag des Dichters, am 23. Oktober 1983, hält Matilde Urrutia eine mutige Rede im Teatro Cauplicán von Santiago: »Ich habe es gesagt und wiederhole es: Pablo lebt . . . Darum bitte ich hier nicht, daß wir mit einer Schweigeminute an ihn denken. Nein! Ich bitte euch für Pablo um eine Minute der Freude, des Lärms, des lauten Beifalls.« – Matilde Urrutia stirbt am 5. Januar 1985 in dem Haus in Valparaiso, das Neruda ihr geschenkt, das die Soldateska, als sein Freund Salvador Allende gestürzt wurde, zerstört und das sie wieder aufgebaut hatte.

In seiner Widmung für Matilde Urrutia schreibt Neruda, wie er in seiner »großen Bescheidenheit« diese Liebessonette (von denen der Übersetzer die großen Gedichte ausgewählt hat) ohne Reim und Schmuckwerk habe anfertigen wollen. Es sei dies die ehrliche Arbeit eines Strandläufers, eines Naturbetrachters und Vogelkundlers. Aus dem Holz, das ihm das Meer geschenkt, habe er mit dem Werkzeug, das zur Hand war, Axt oder Taschenmesser, die vierzehn Planken der Sonette gezimmert. »Nie habe ich Interesse an Definitionen, Etiketten gehabt«, heißt es in seinen Memoiren. Dagegen sind seine Metaphern »angefüllt mit Wirklichkeitsstoff« (Erich Arendt). Es sind die Metaphern der alltäglichen Schönheit, der einfachen

Dinge, die der manische Sammler Neruda sich von den Trödelmärkten in aller Welt in seine Behausungen holte. Ins Wort gehoben, zeigen die Dinge ihre Transzendenz. Und in der Transzendenz taucht die Dichtung vergangener Jahrhunderte auf. Mit Shakespeare hatte sich Neruda auf Capri beschäftigt. Der dunkle Klang der Shakespearschen Sonette legt sich zuweilen über die Heiterkeit auch dieser Sonette. Die Huldigung an die Geliebte gerät zur Huldigung an die spanischen Dichter des eher eisernen als goldenen Zeitalters: allen voran Quevedo mit seiner Verzweiflung und seinem schwarzen Humor im Narrenkleid. Und es sind Góngoras die Syntax sprengenden Irrealitäten, die hier auftauchen und die uns erst über den Umweg surrealistischer Dichtung unseres Jahrhunderts vertraut wurden. Es sind diese Anklänge, die auch der Übersetzer im Ohr hatte und die das Nachdichten zu einem Weiter-Dichten, zu einem Herüber-Bringen in unsere Zeit machten. Das Wesentliche wird dabei kaum verlorengehen, oder mit den Worten Matilde Urrutias: »Ich habe ihn einen Dichter der Liebe genannt.«

Fritz Rudolf Fries

Indice

Inhalt

Übersetzt wurden von Pablo Nerudas Band »Einhundert Liebessonette« die Gedichte mit den Ziffern I, V, VI, VII, VIII, XI, XII, XIII, XIV, XVII, XIX, XXII, XXV, XXVII, XXIX, XXXII, XXXIII, XXXIV, XXXVIII, XL, XLIV, XLV, XLVIII, LIII, LIV, LVI, LIX, LXII, LXV, LXVII, LXXI, LXXII, LXXVI, LXXVII, LXXIX, LXXXII, LXXXIII, LXXXVI, LXXXVII, LXXXVIII, LXXXIX, XVIV, XCVII, XCIX.

© 1997, 2001 für diese Ausgabe
Luchterhand Literaturverlag GmbH, München
Fotografie Seite 2: Roger Melis
Umschlagkonzeption und -gestaltung:
RME / Roland Eschlbeck
Satz: Fotosatz Amann, Aichstetten
Druck und Bindung: Ebner, Ulm
Alle Rechte vorbehalten. Printed in Germany
ISBN 3-630-62015-9